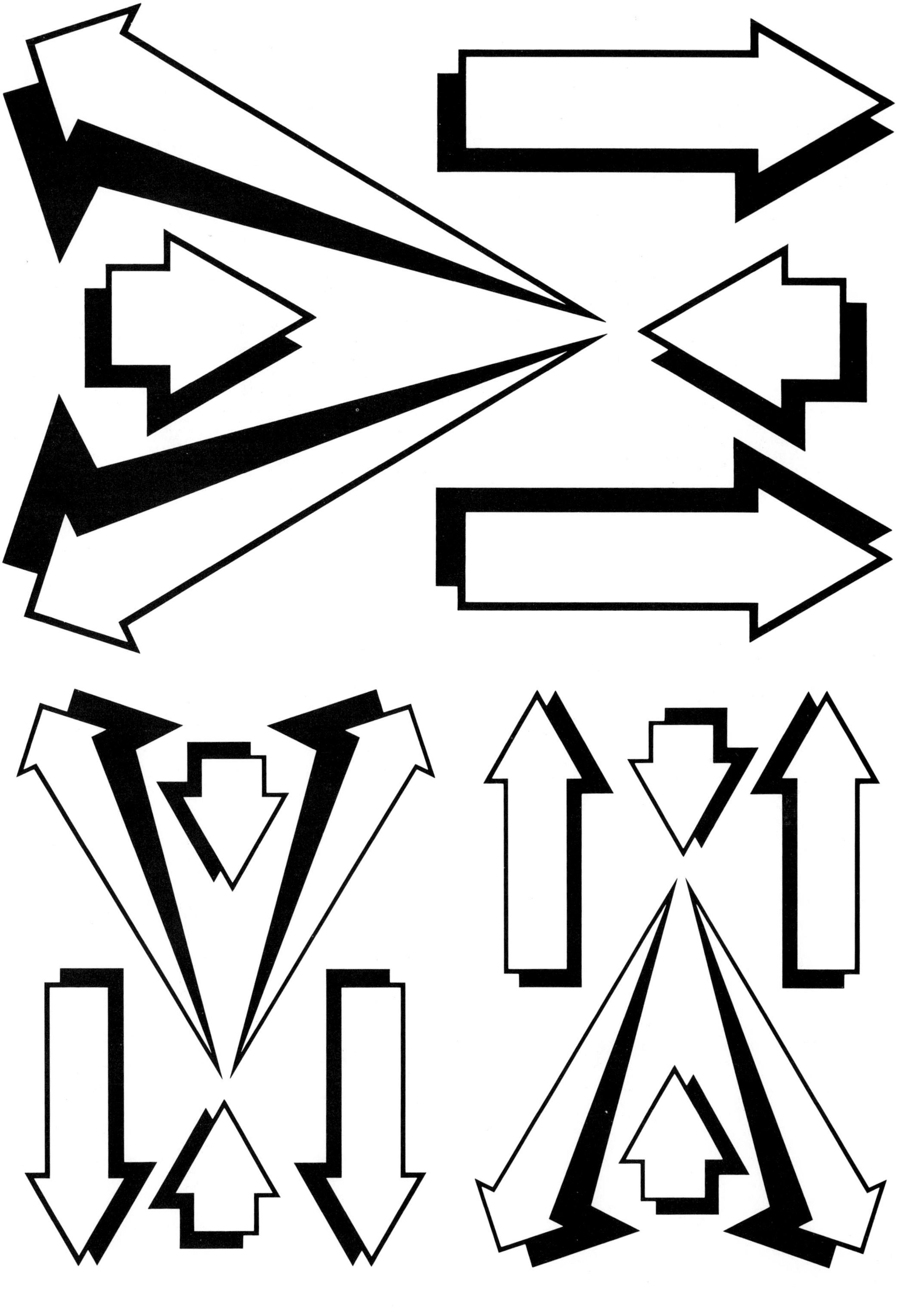

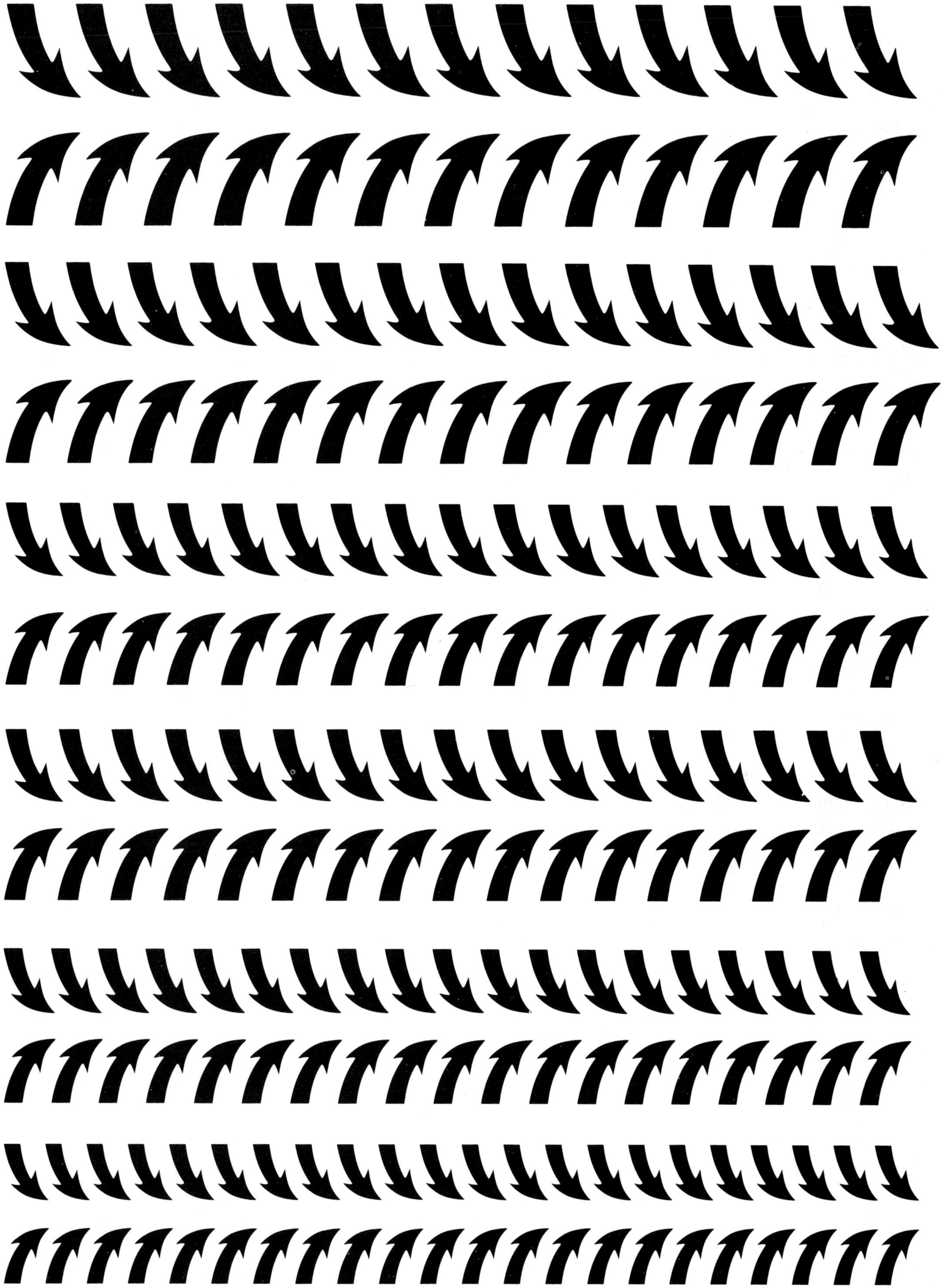

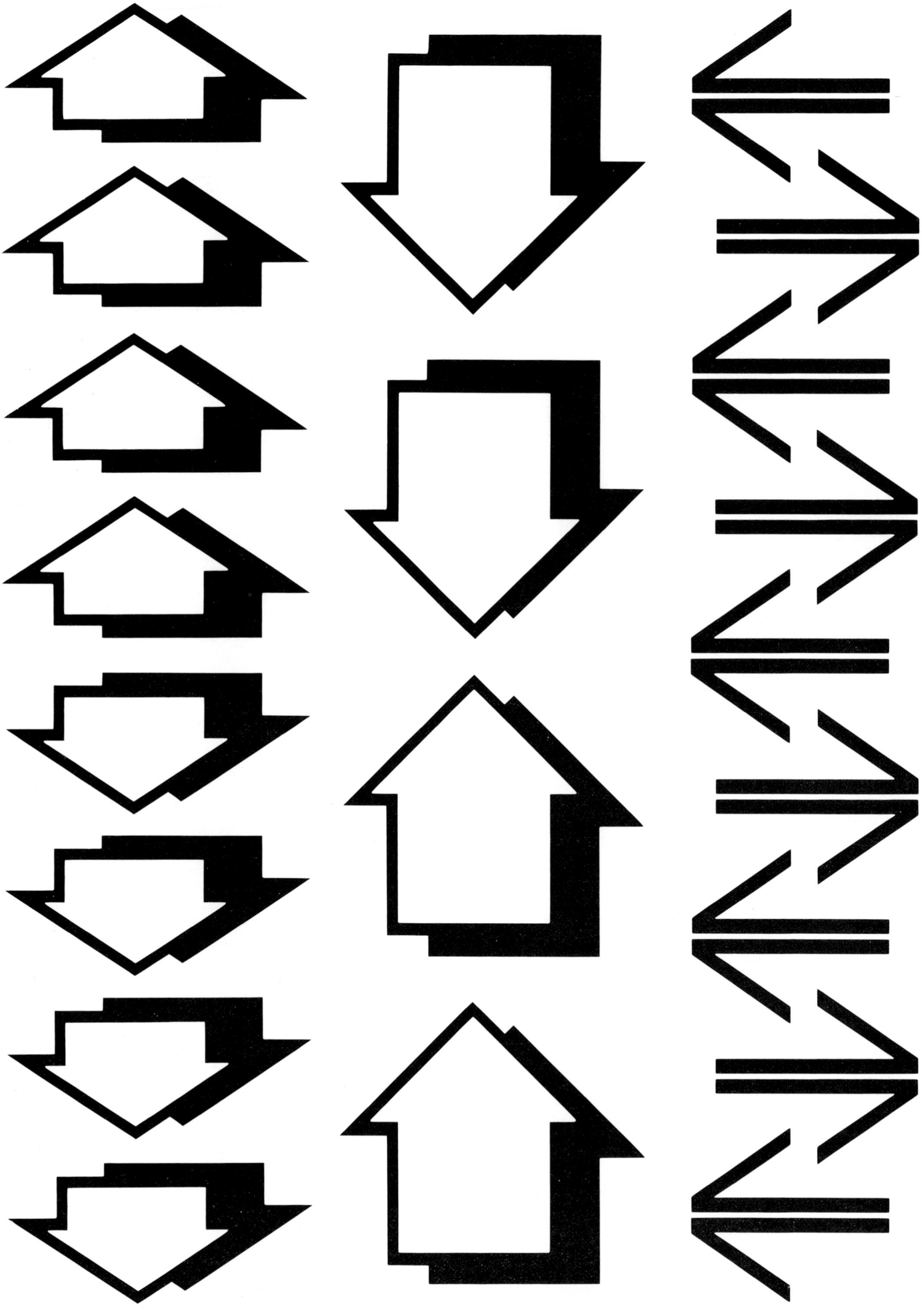

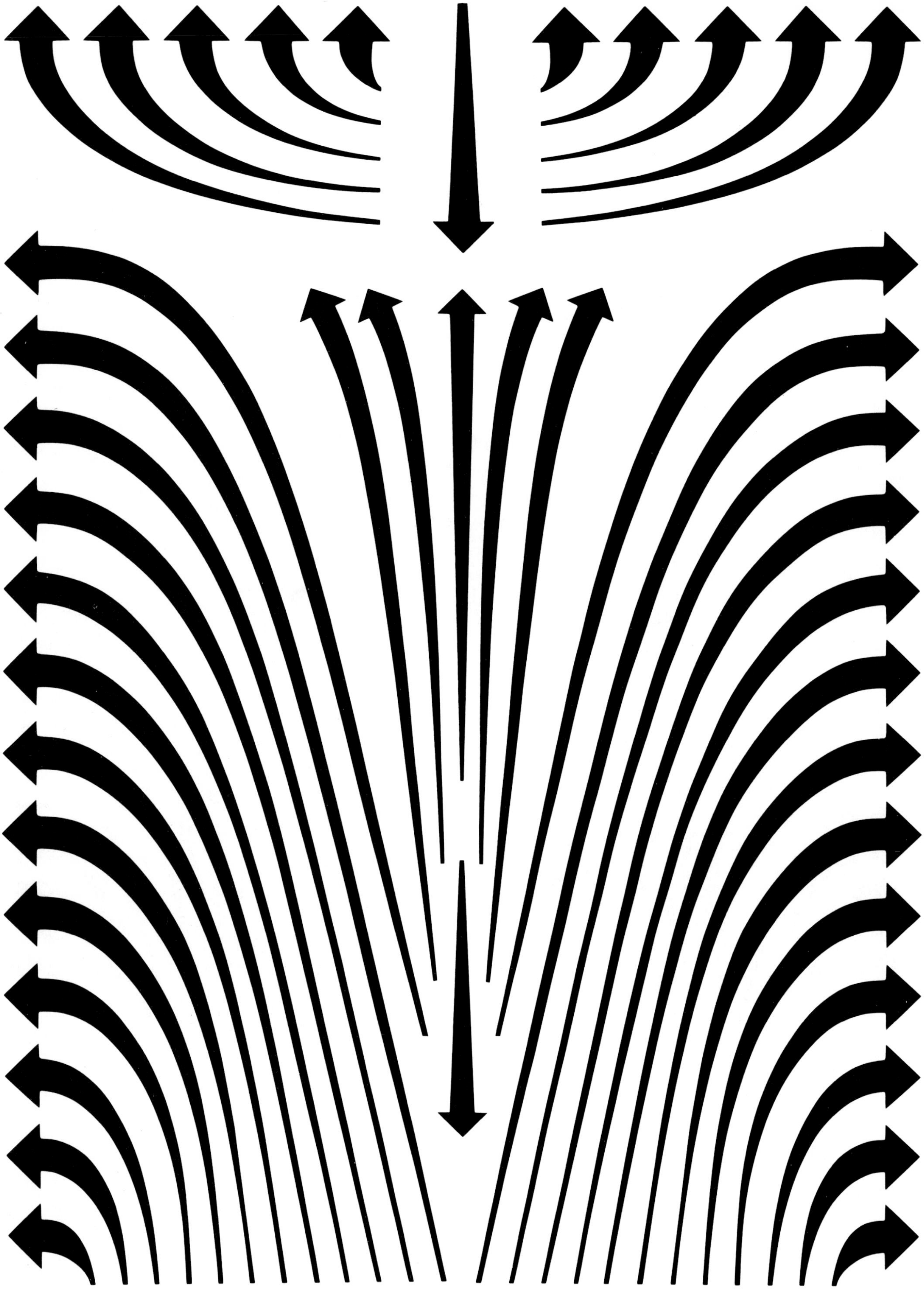

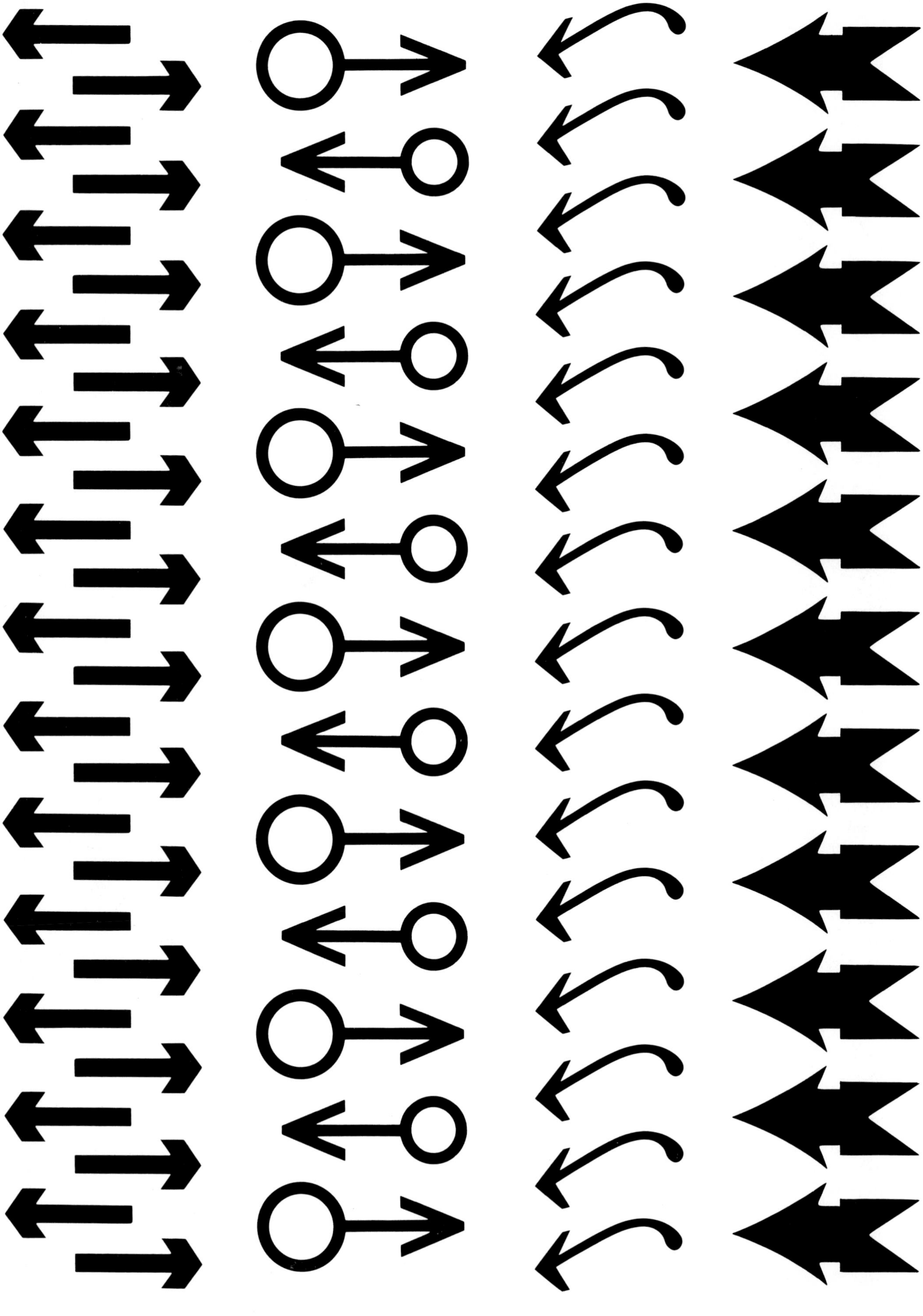

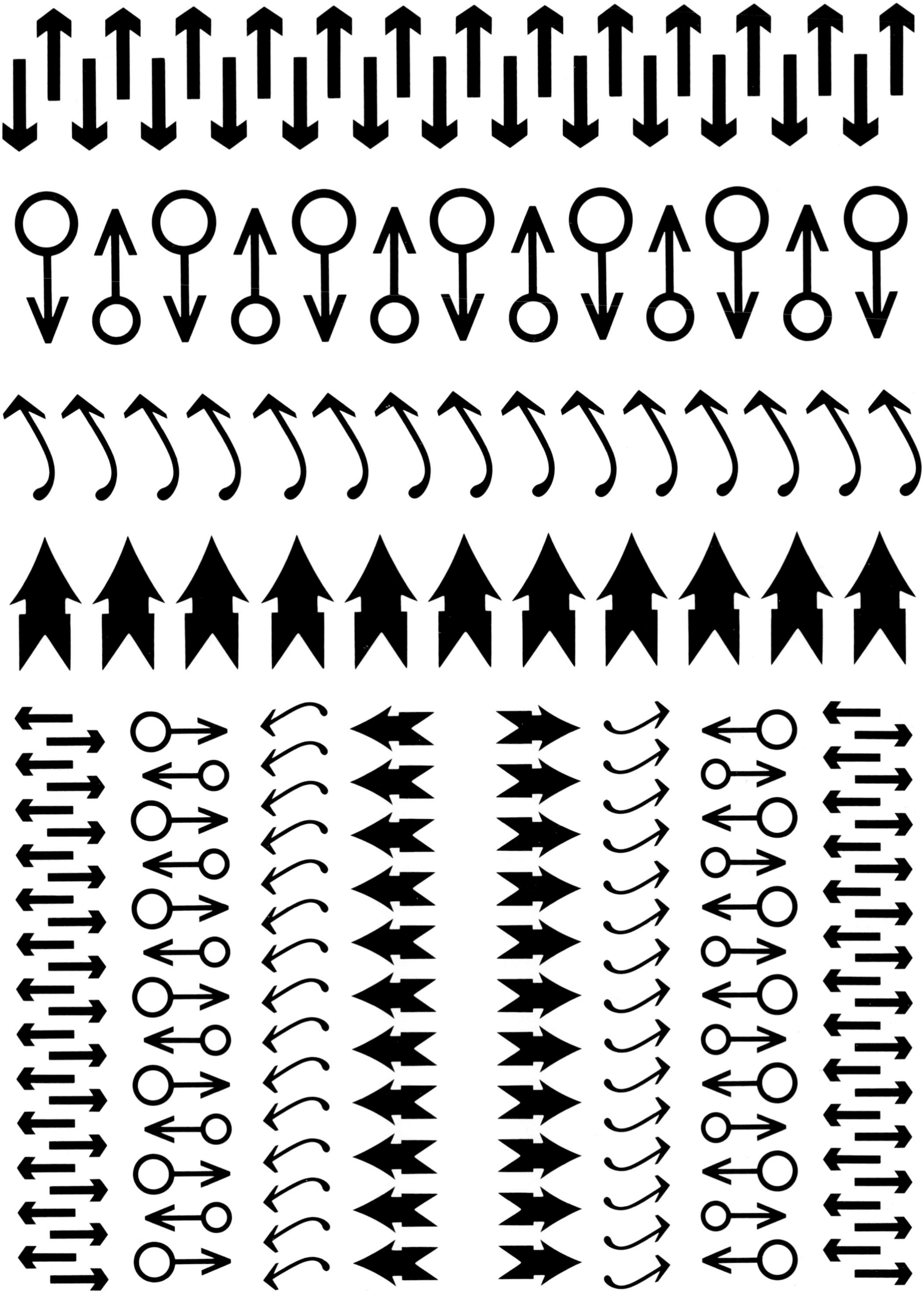

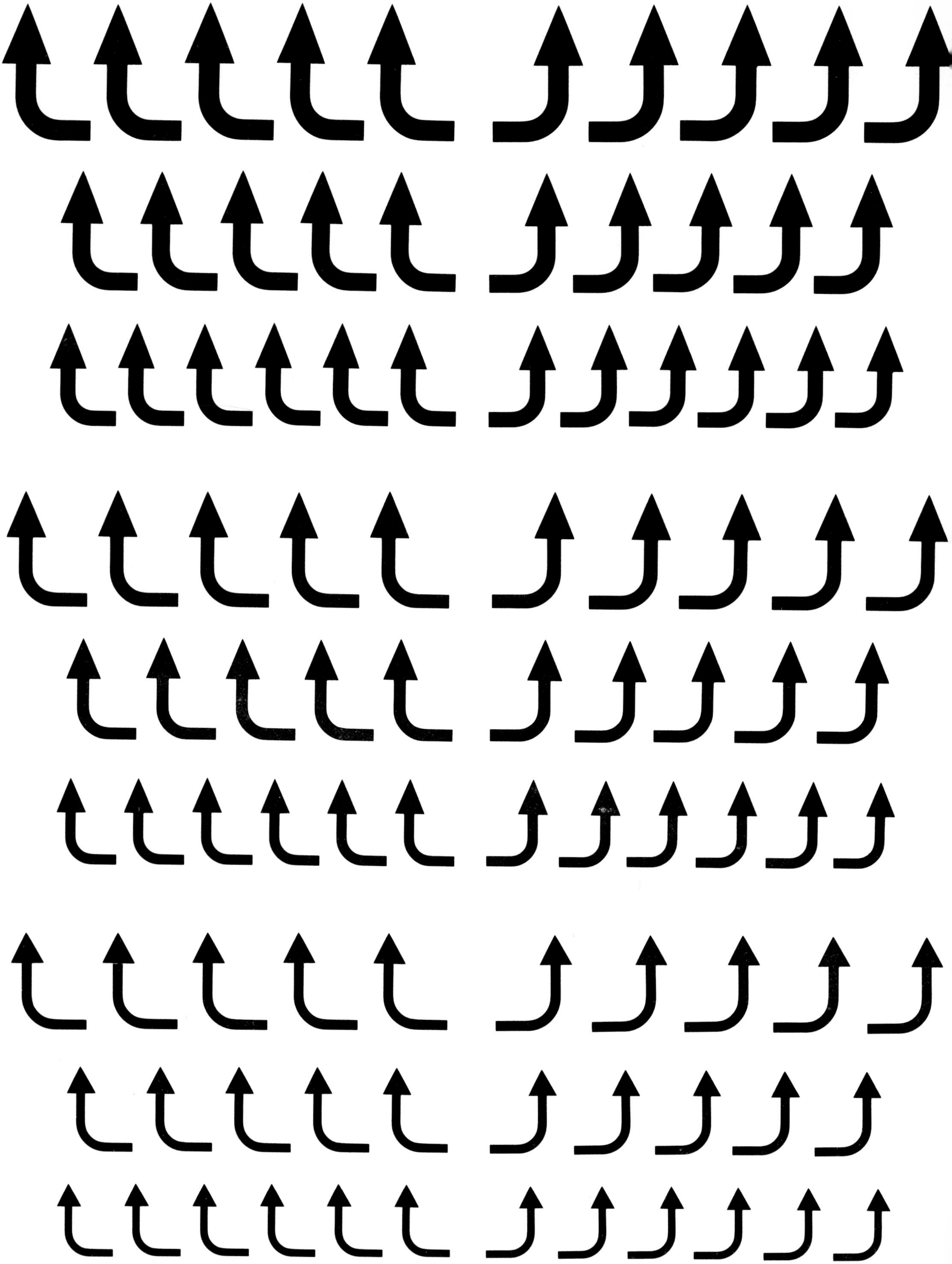

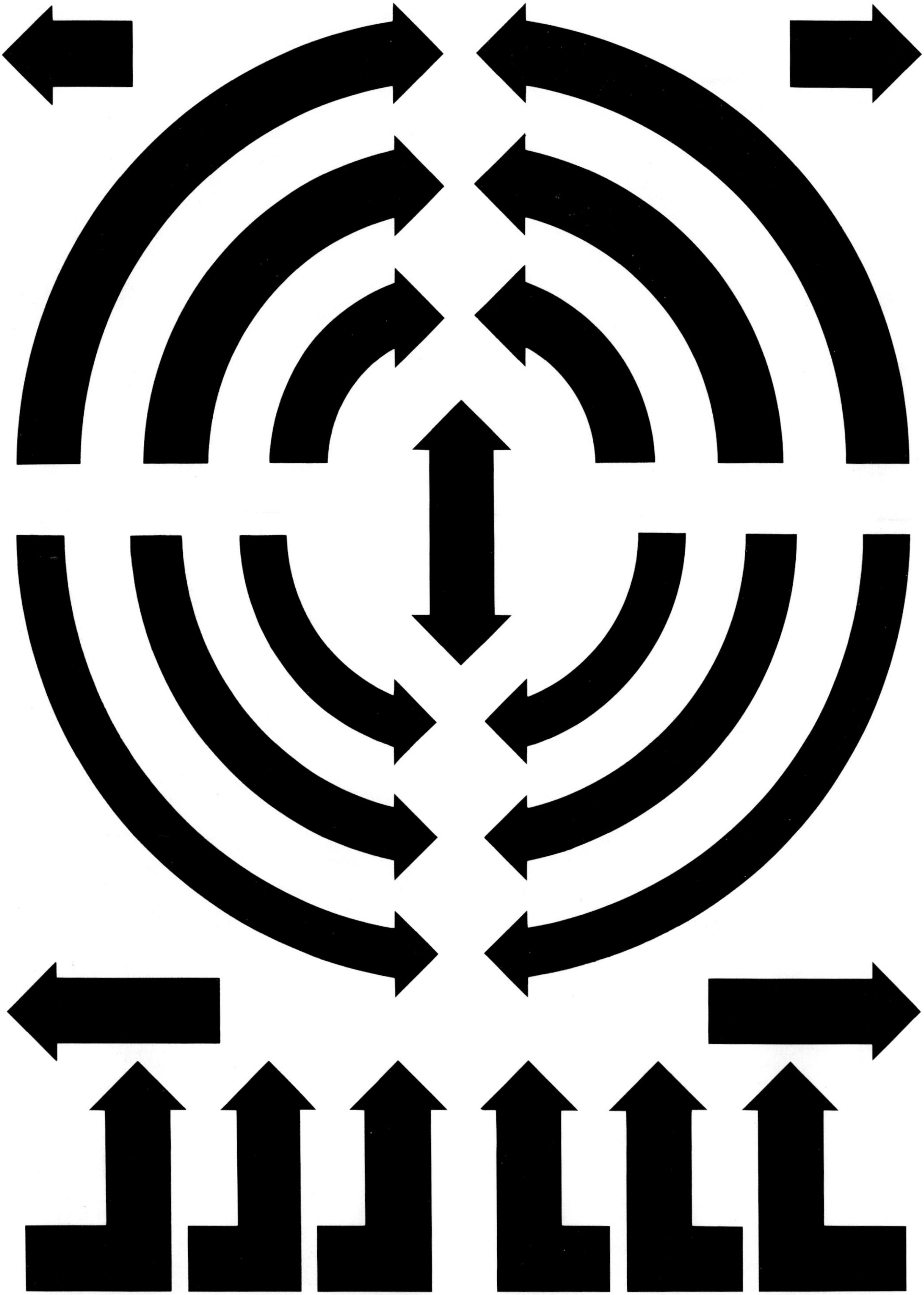

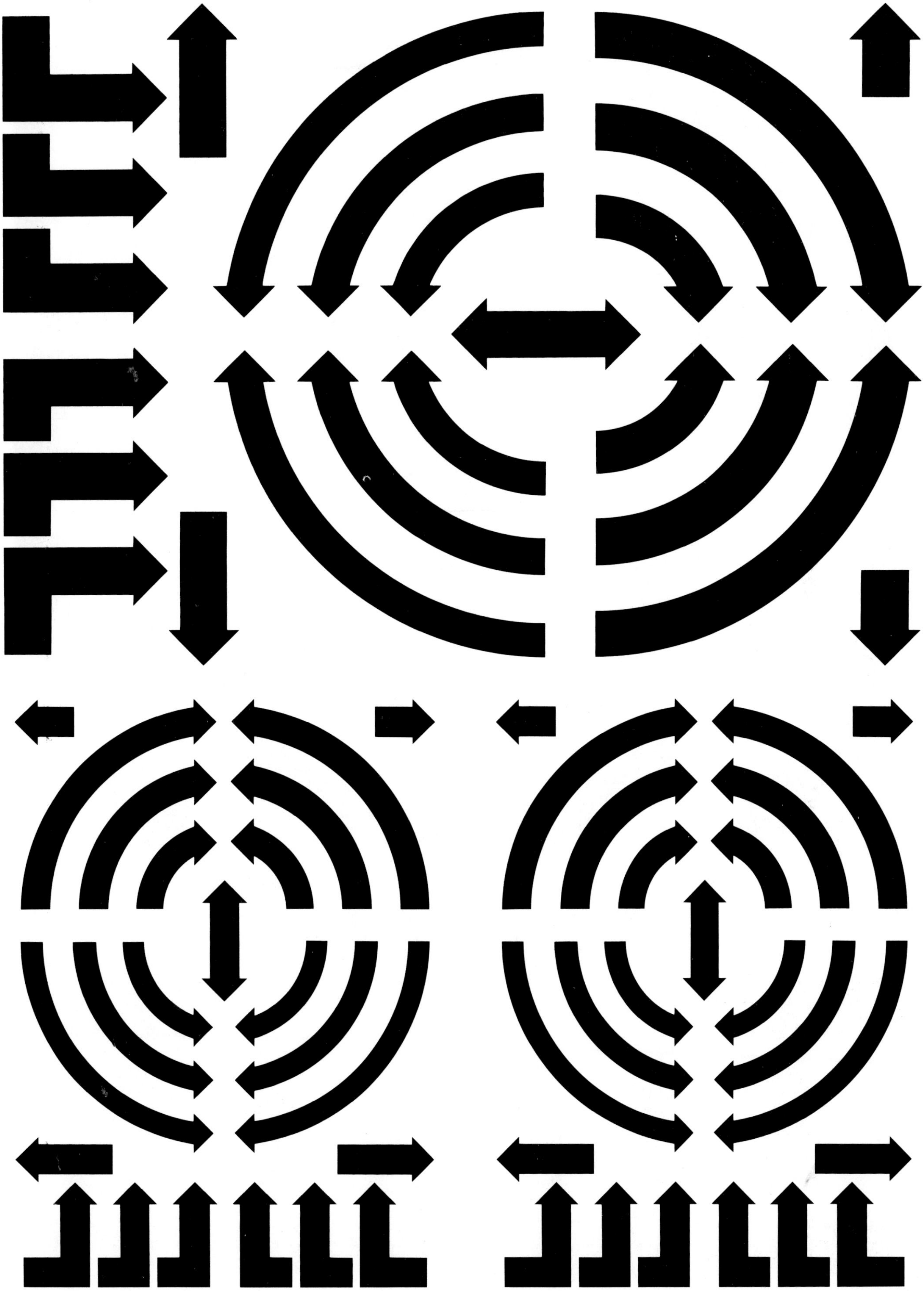

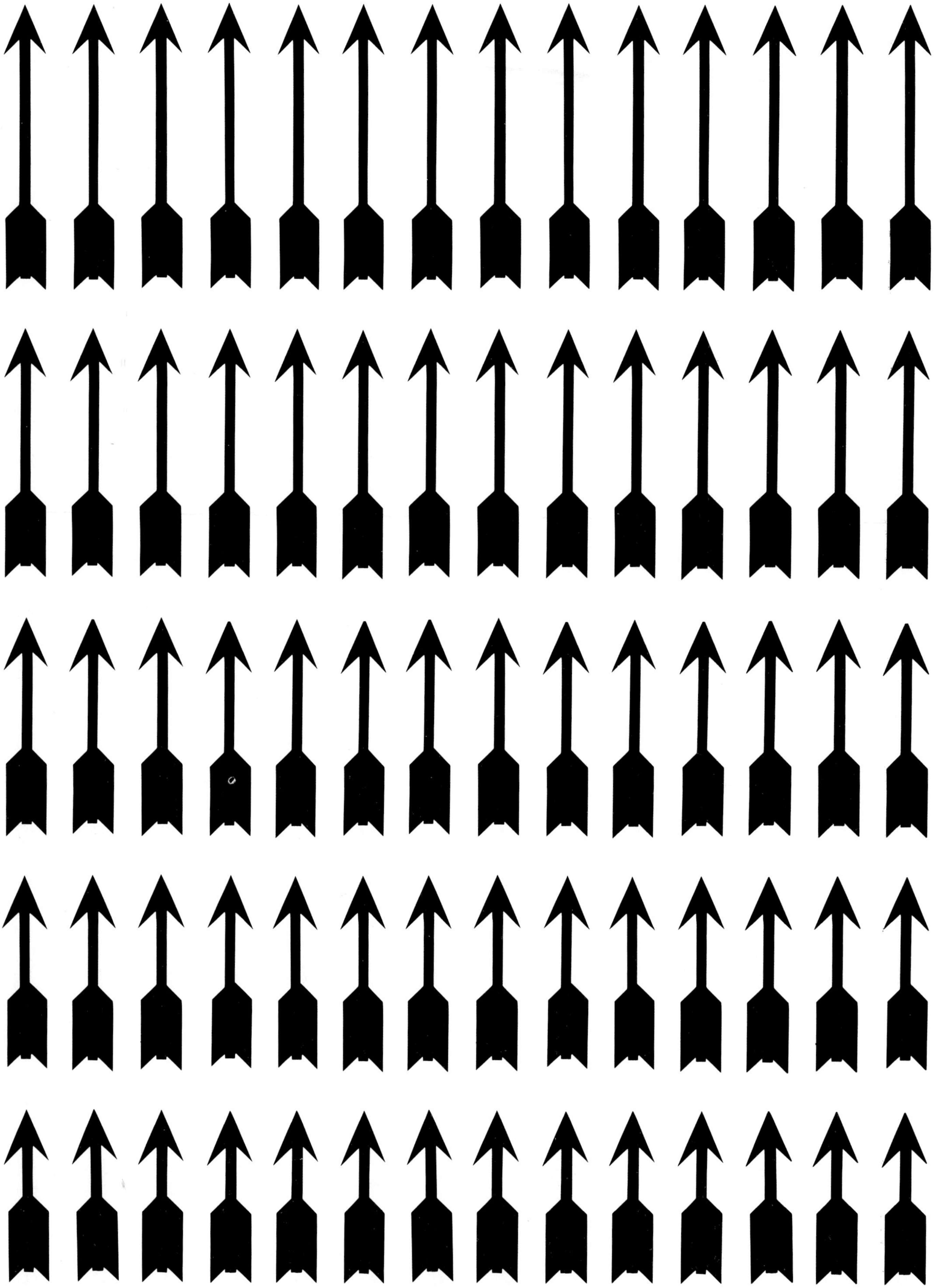

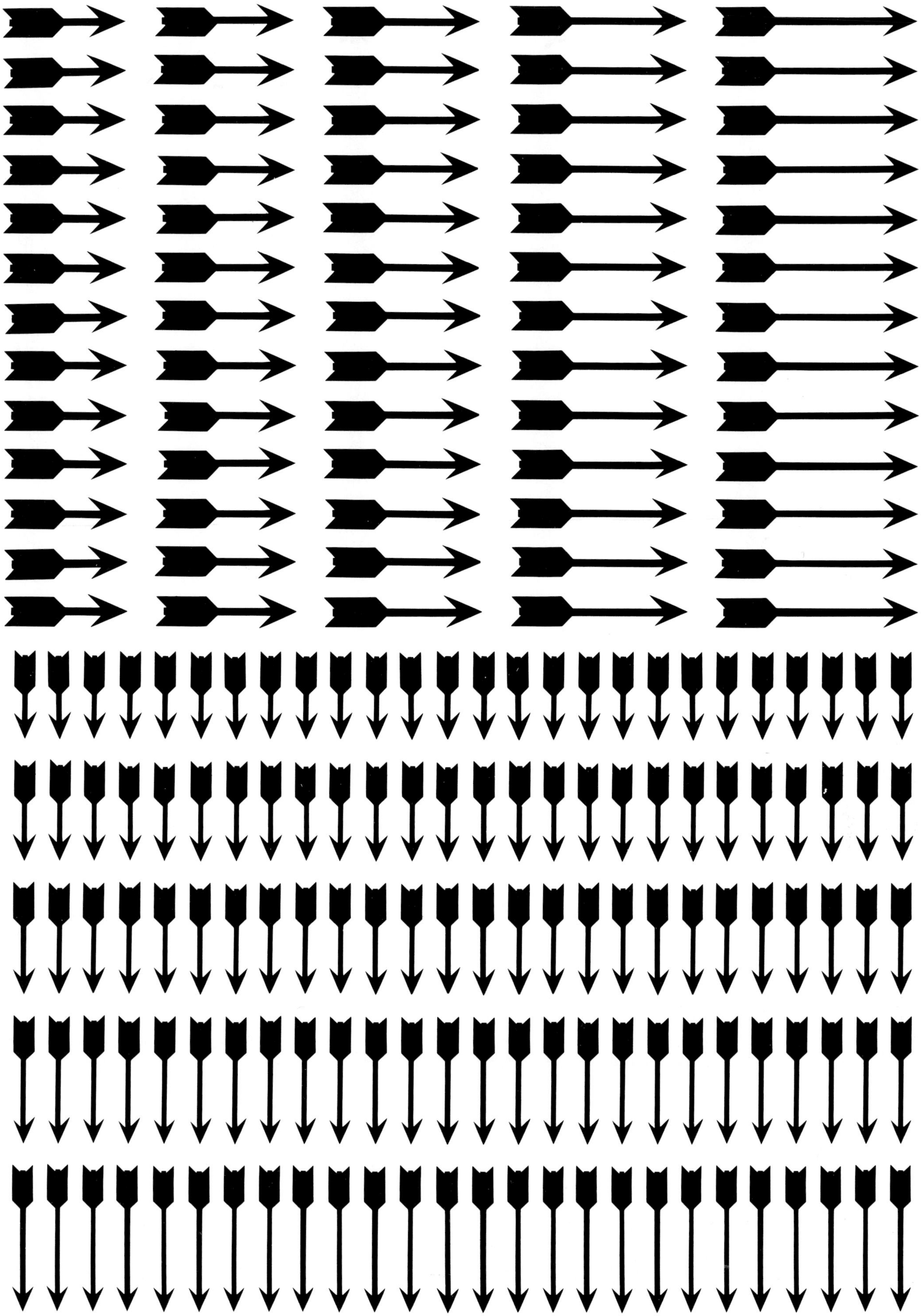

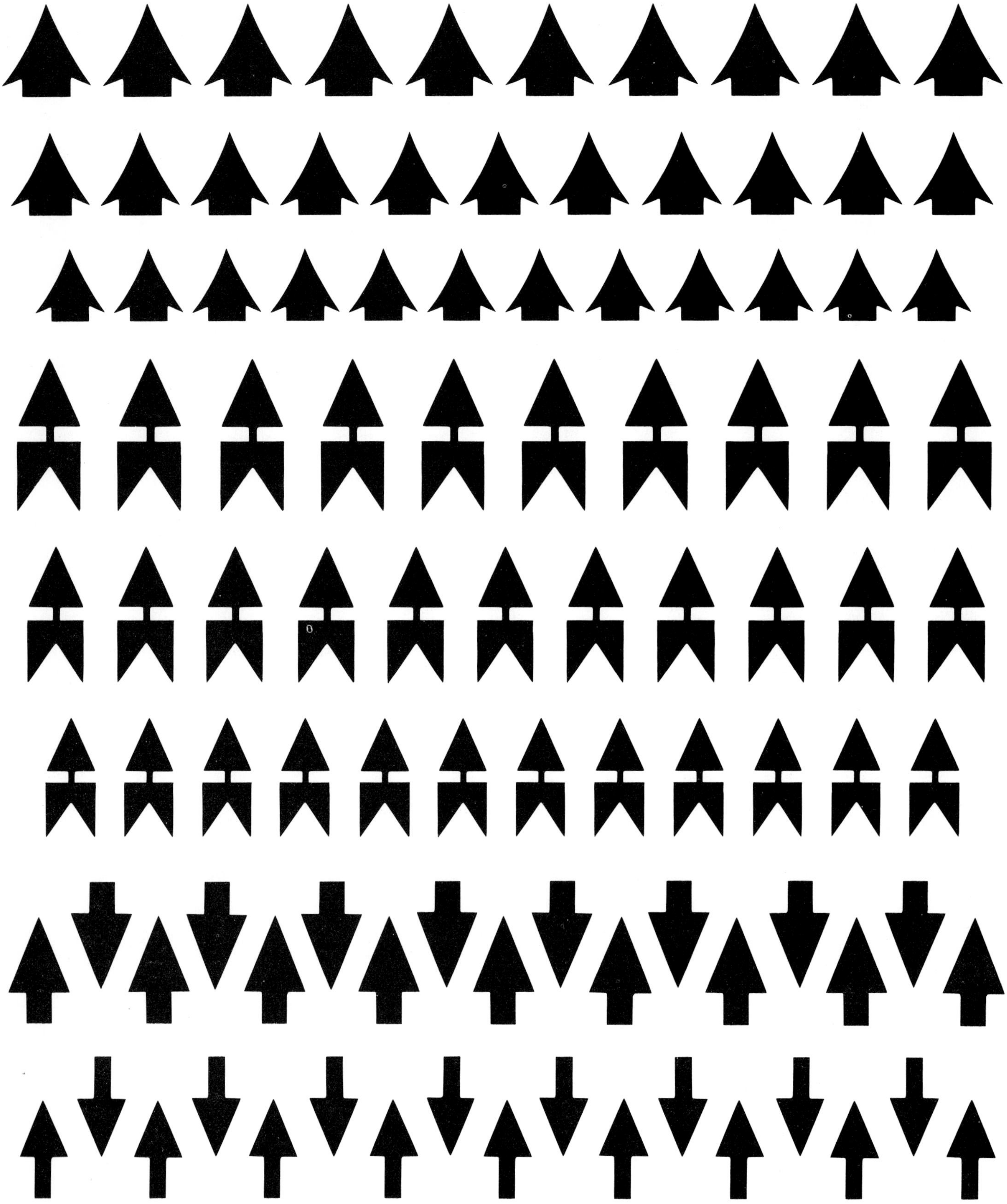

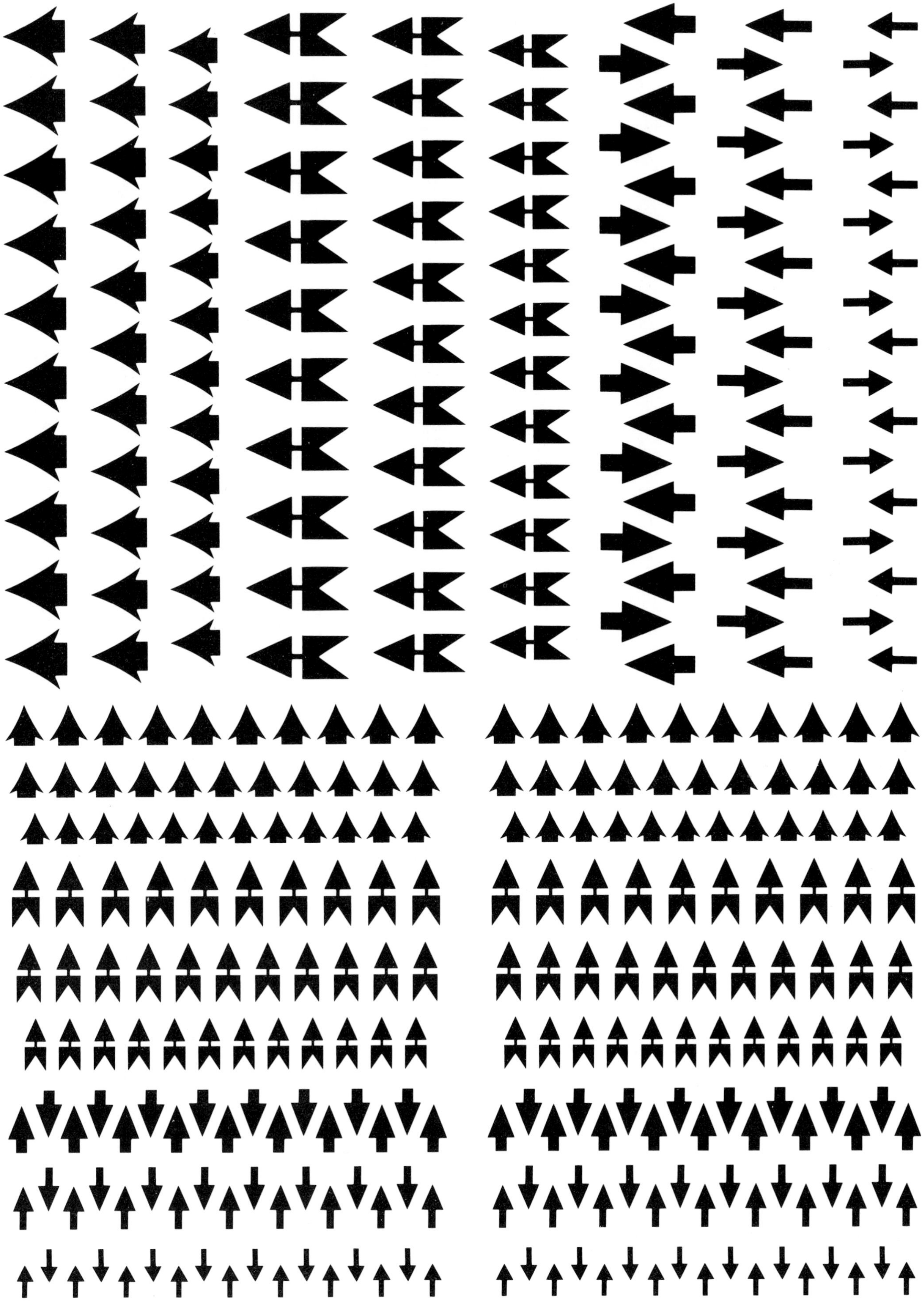

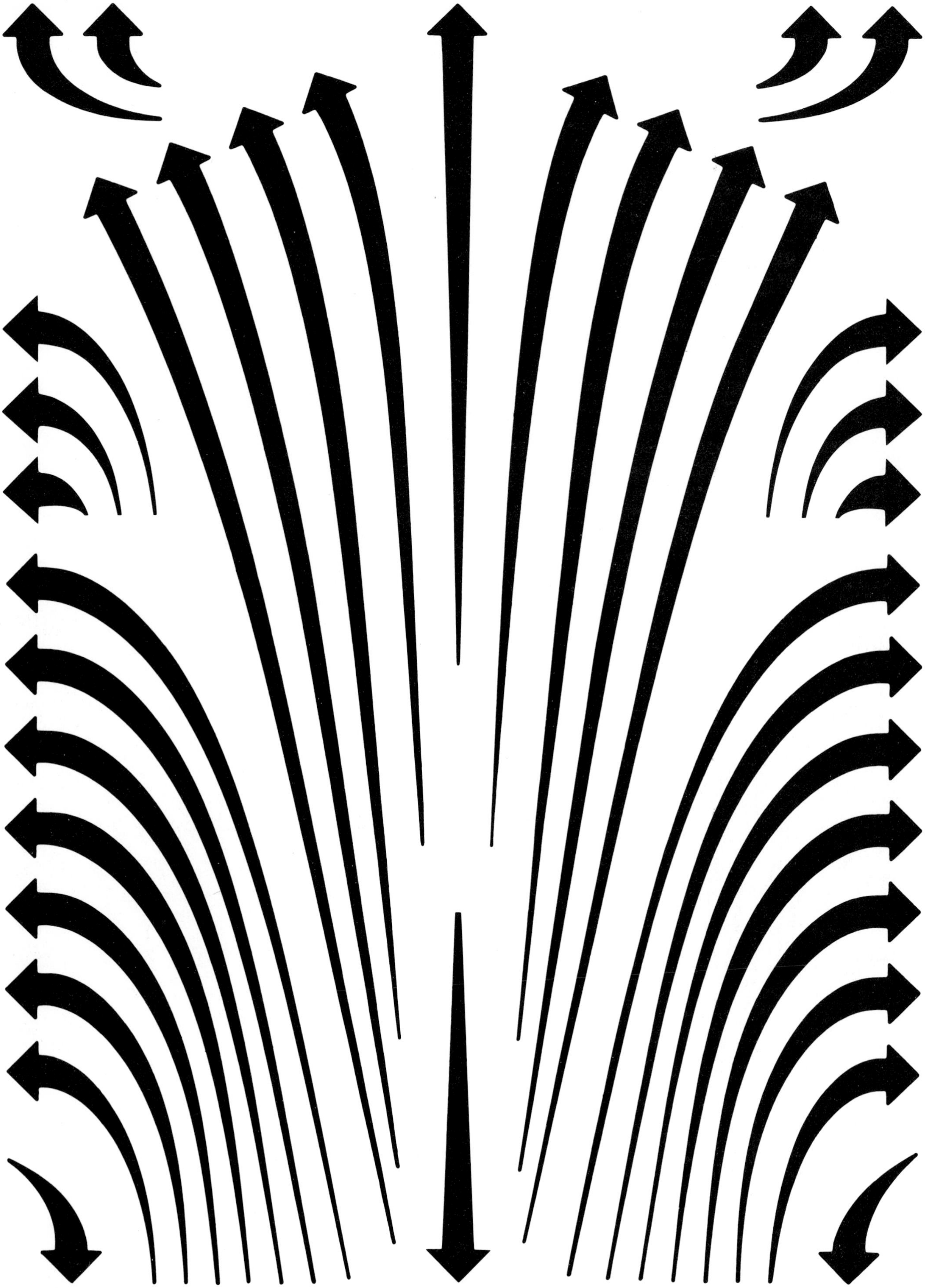

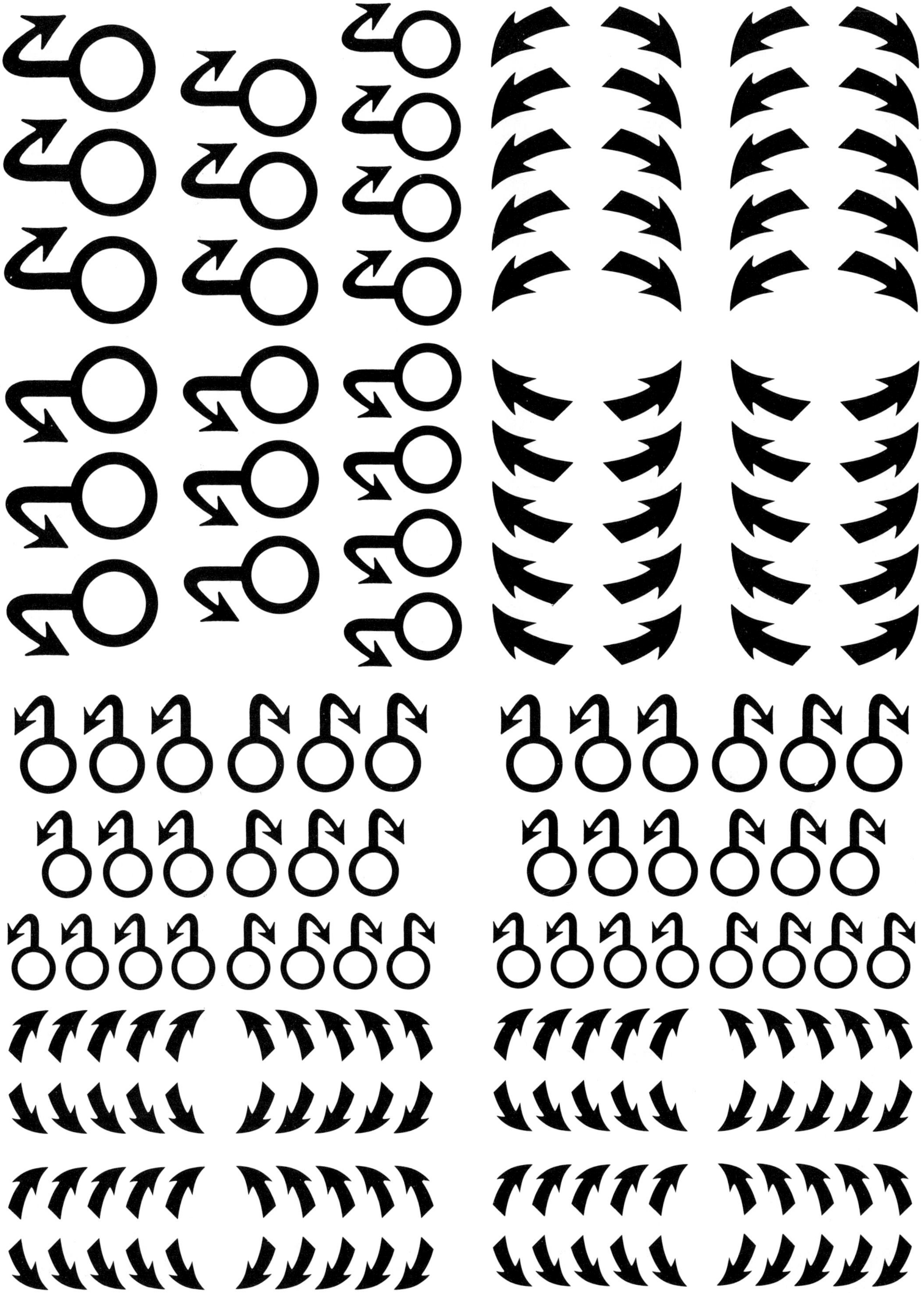

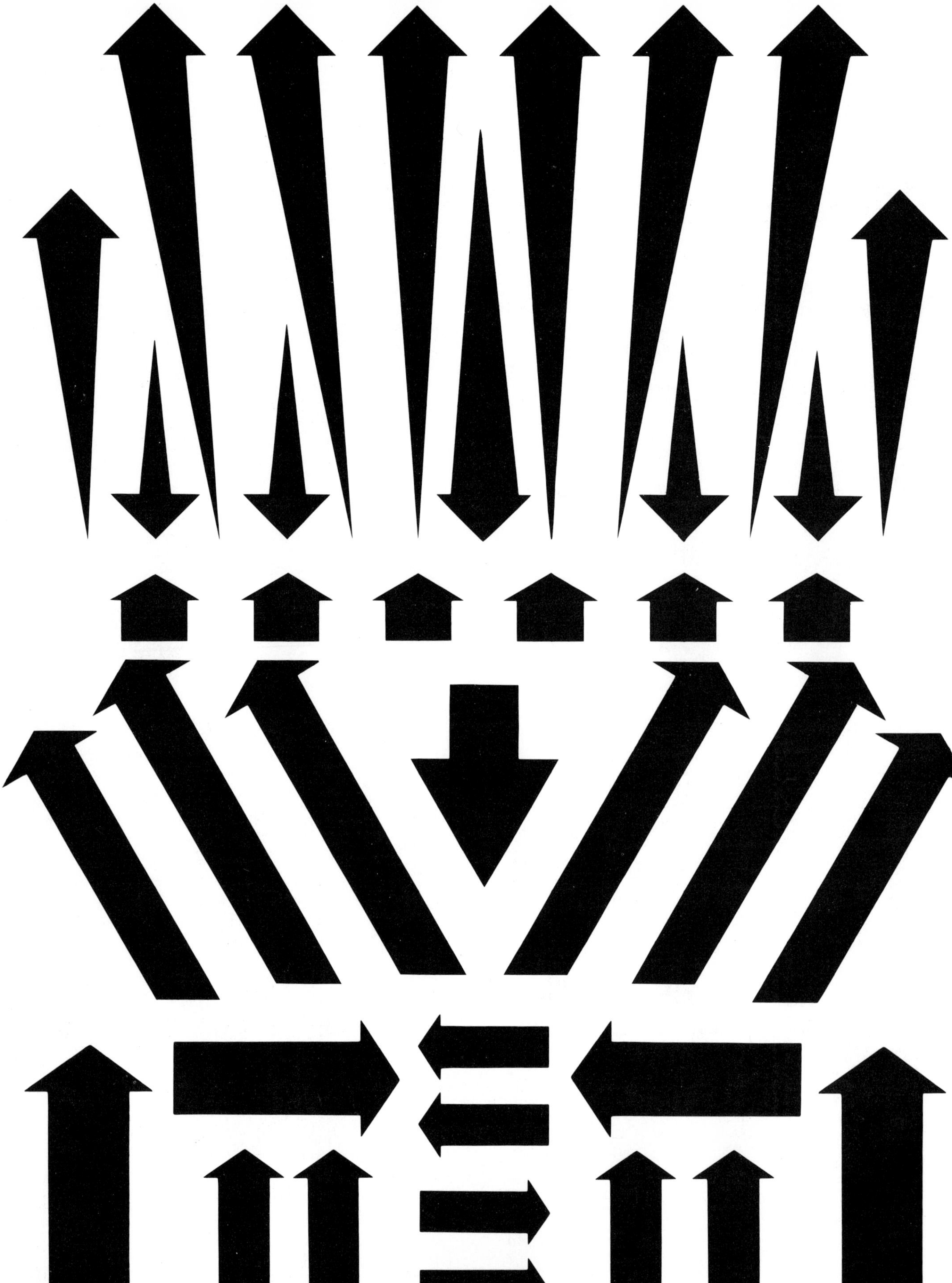

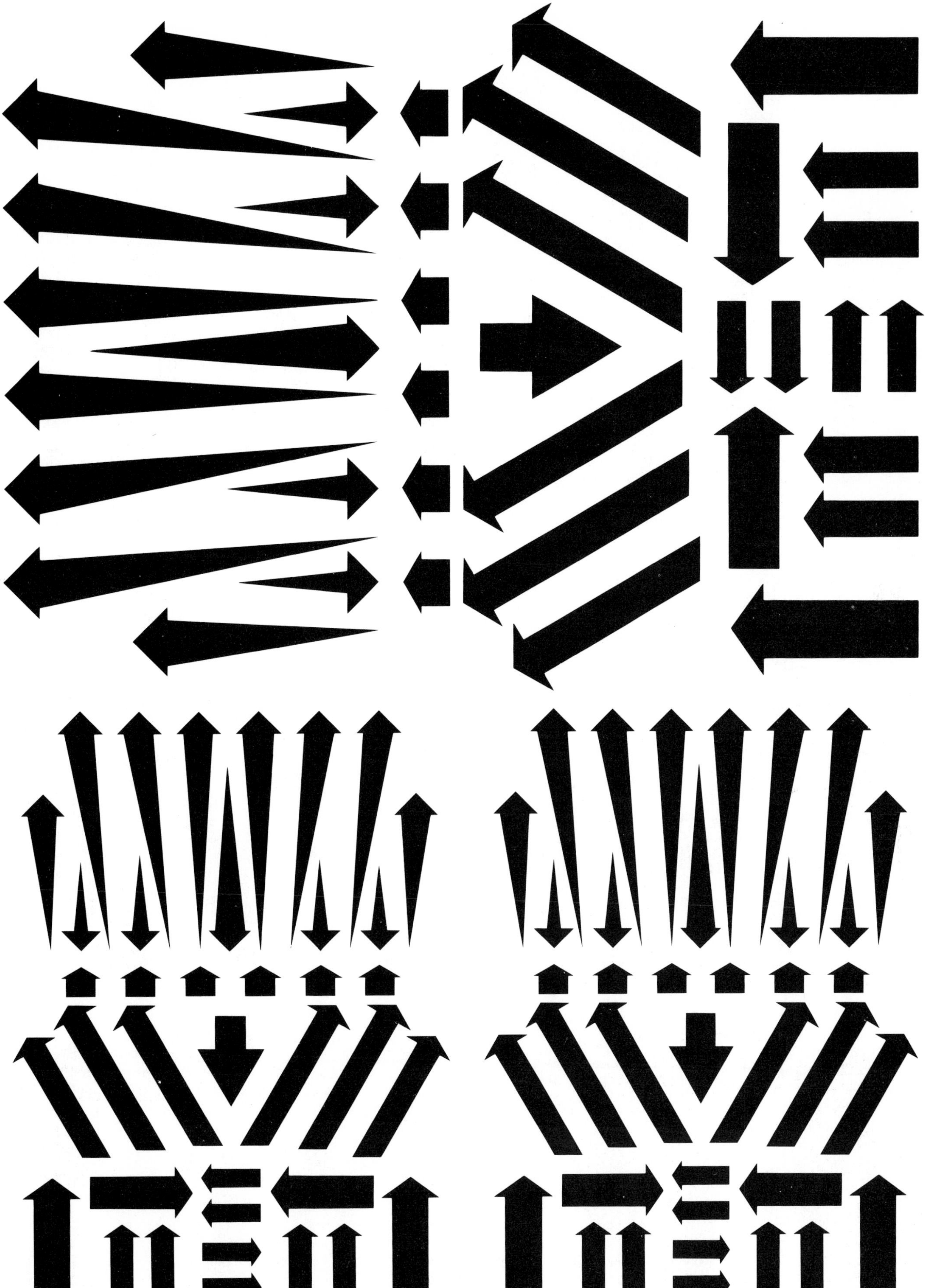